Die Spielanleitung

So einfach spielst du bambinoLÜK:
Öffne das bambinoLÜK-Lösungsgerät und lege es auf dein aufgeschlagenes bambinoLÜK-Heft. Lege die sechs Plättchen mit den Symbolen nach oben auf die Aufgaben mit den gleichen Symbolen, also das Plättchen mit dem roten Symbol Haus auf die Aufgabe mit dem roten Symbol Haus oben links in der Ecke. Wenn die Plättchen auf den Aufgaben liegen, nimmst du das Plättchen mit dem Symbol Haus und siehst dir die Aufgabe an, auf der das Plättchen lag. Welches Bild auf der unteren Seite passt wohl dazu? Lege das Plättchen auf dieses passende Bild. Mach es ebenso mit den anderen fünf Plättchen und Aufgaben. Schließe dann das bambinoLÜK-Lösungsgerät und drehe es nach oben um. Jetzt siehst du das bei der Übung abgebildete Lösungsmuster. Alles richtig?
Und nun viel Spaß!

FSC MIX Papier FSC® C009717

Autorin: Wibke Bierwald; Illustrationen: Tom Eigenhufe
Druck und Verarbeitung: westermann druck GmbH, Braunschweig 2023
ISBN 978-3-07-**247911**-0

1 Wo ist was?

18:15 BERLIN Hbf
20:07 ERFURT Hbf

2 Finde denselben Zugtyp!

3 Wer arbeitet am Bahnhof?

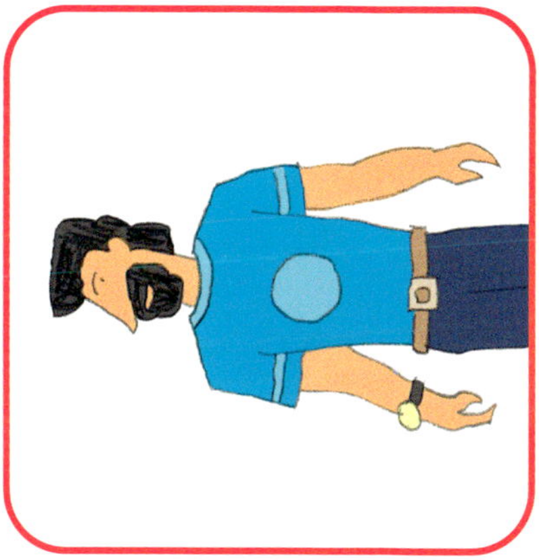

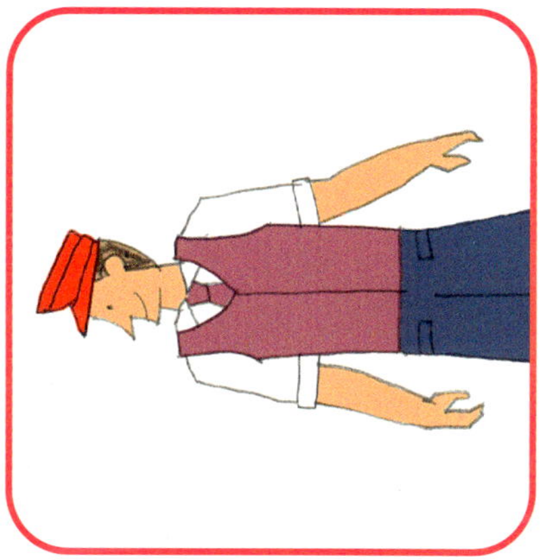

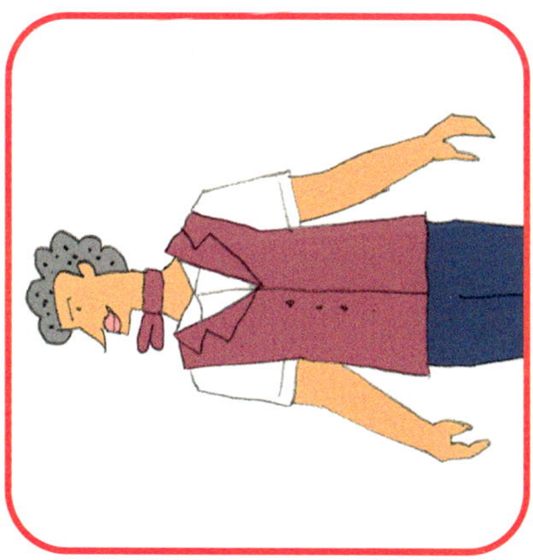

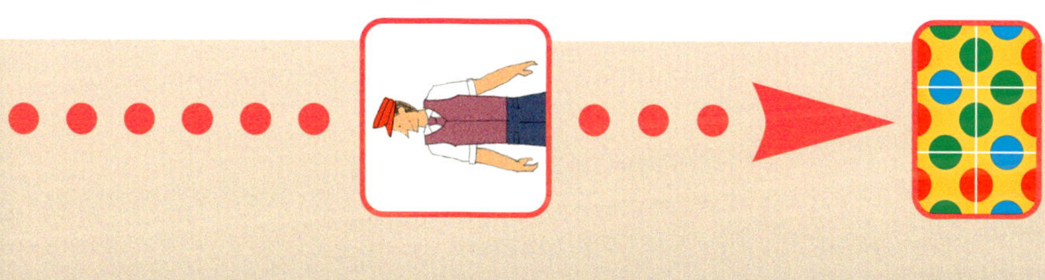

4 Wer arbeitet im Zug?

5 Wo ist was?

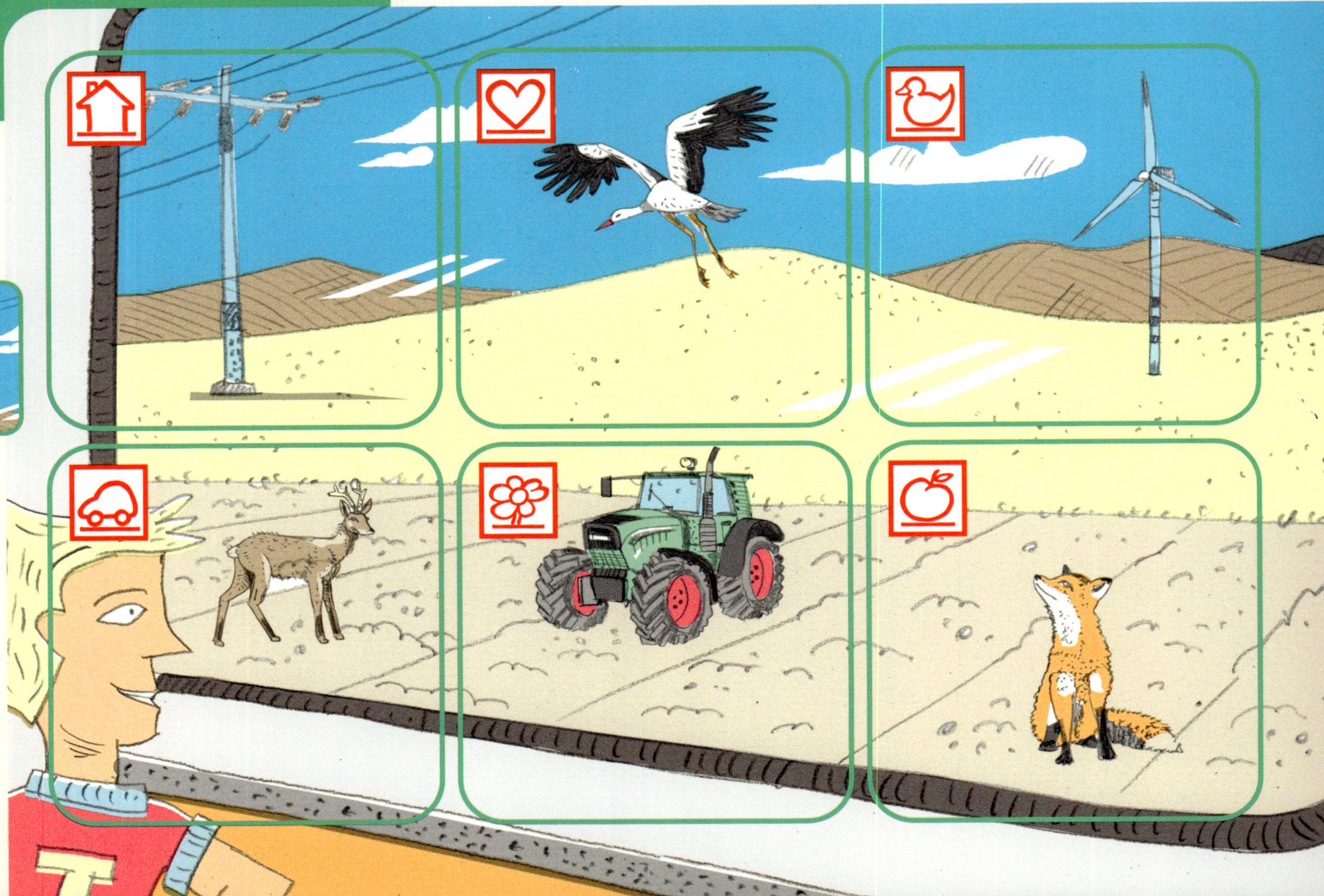

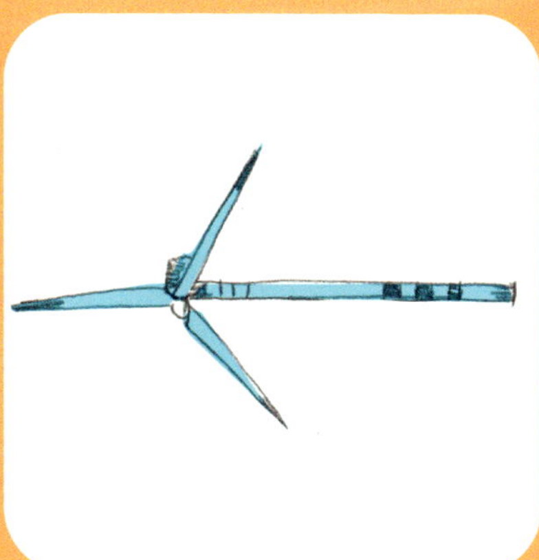

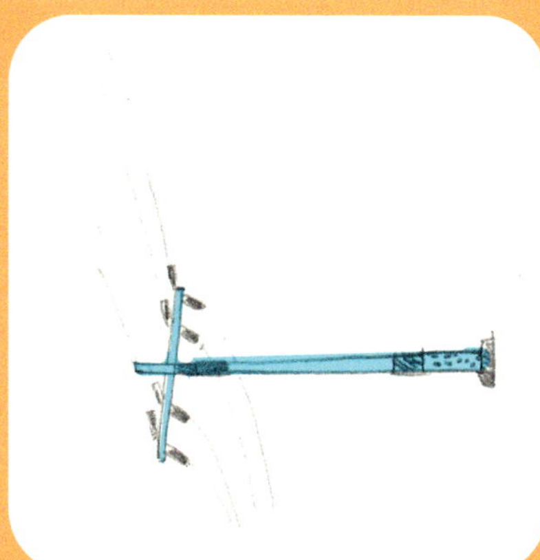

6 Wer sitzt wo im Zug?

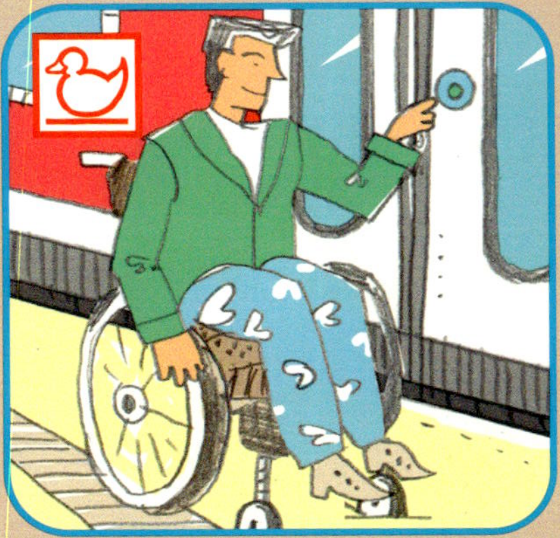

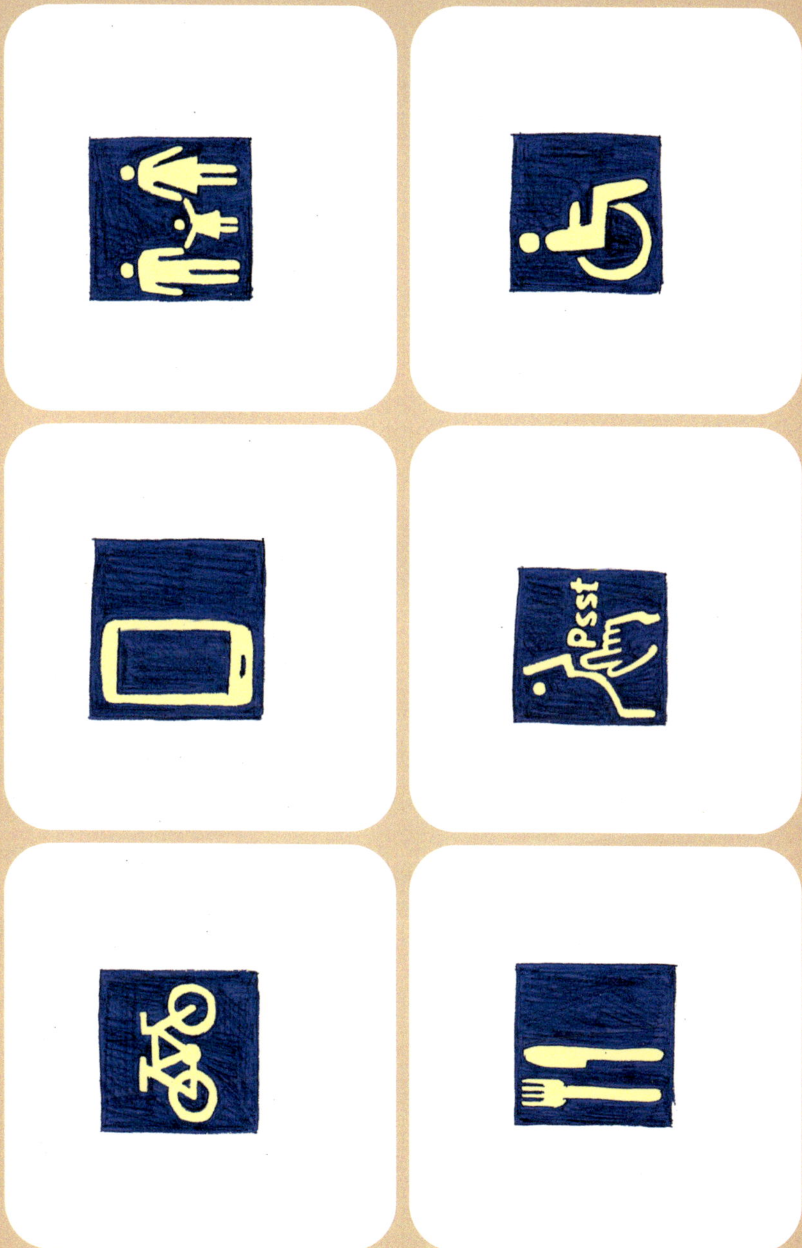

Psst

7 Wo ist welches Gepäck?

8 Was gibt es heute im Bordrestaurant?

Bio

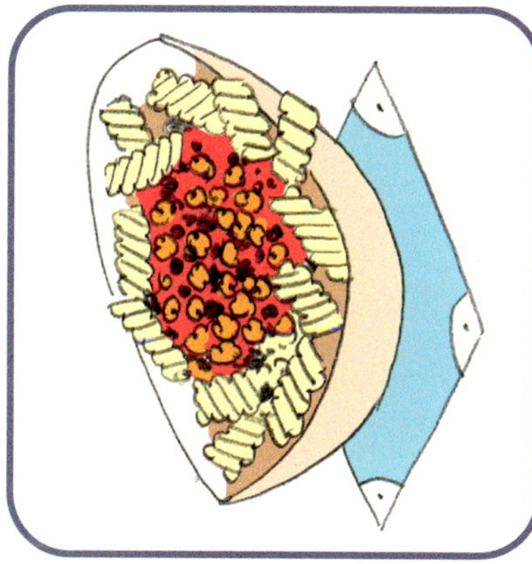

wasser

wasser

9 Reisen um 1900

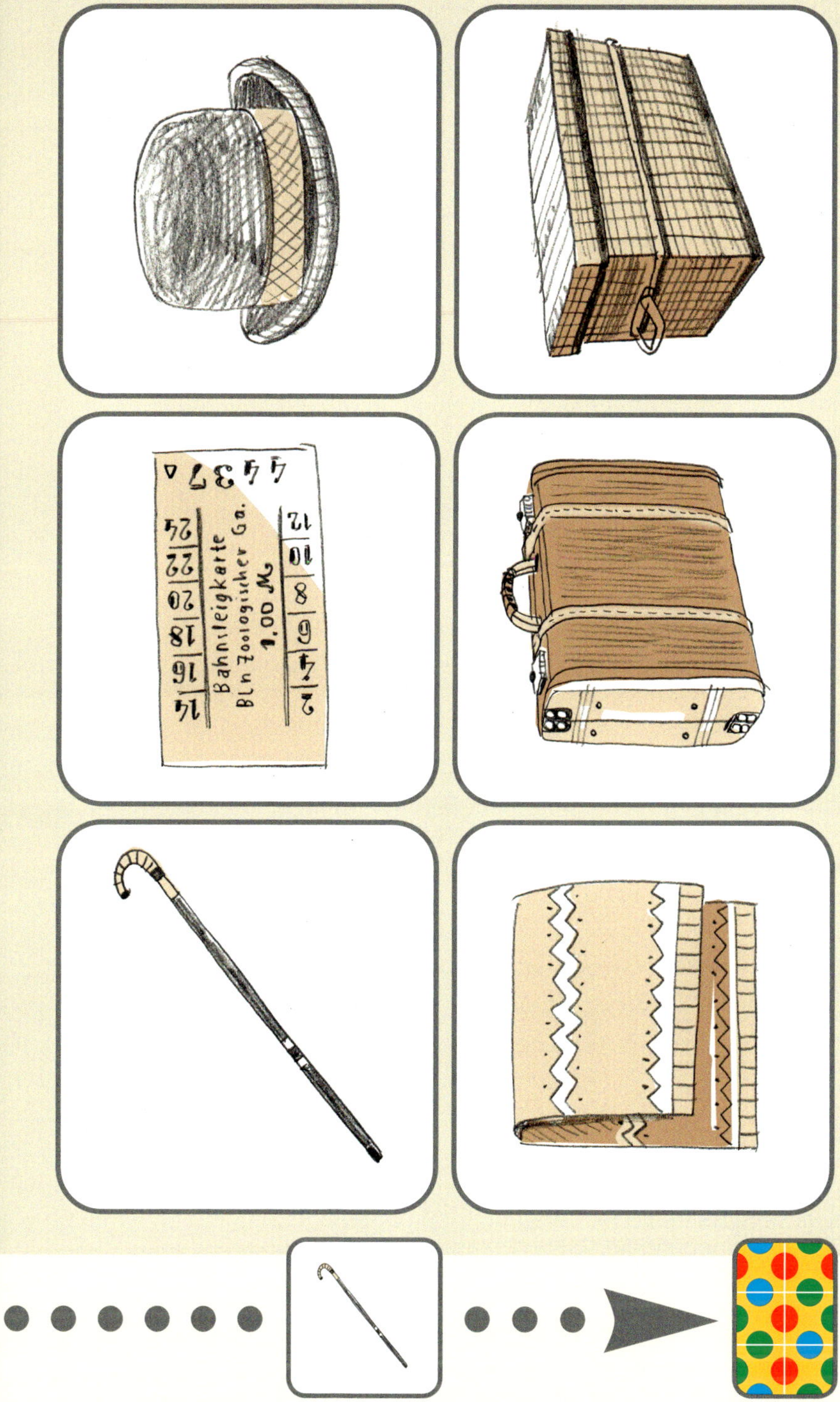
4437
Bahnsteigkarte
Bln Zoologischer Ga.
1,00 M
14 16 18 20 22 24
2 4 6 8 10 12

10 Finde den passenden Güterwagen!

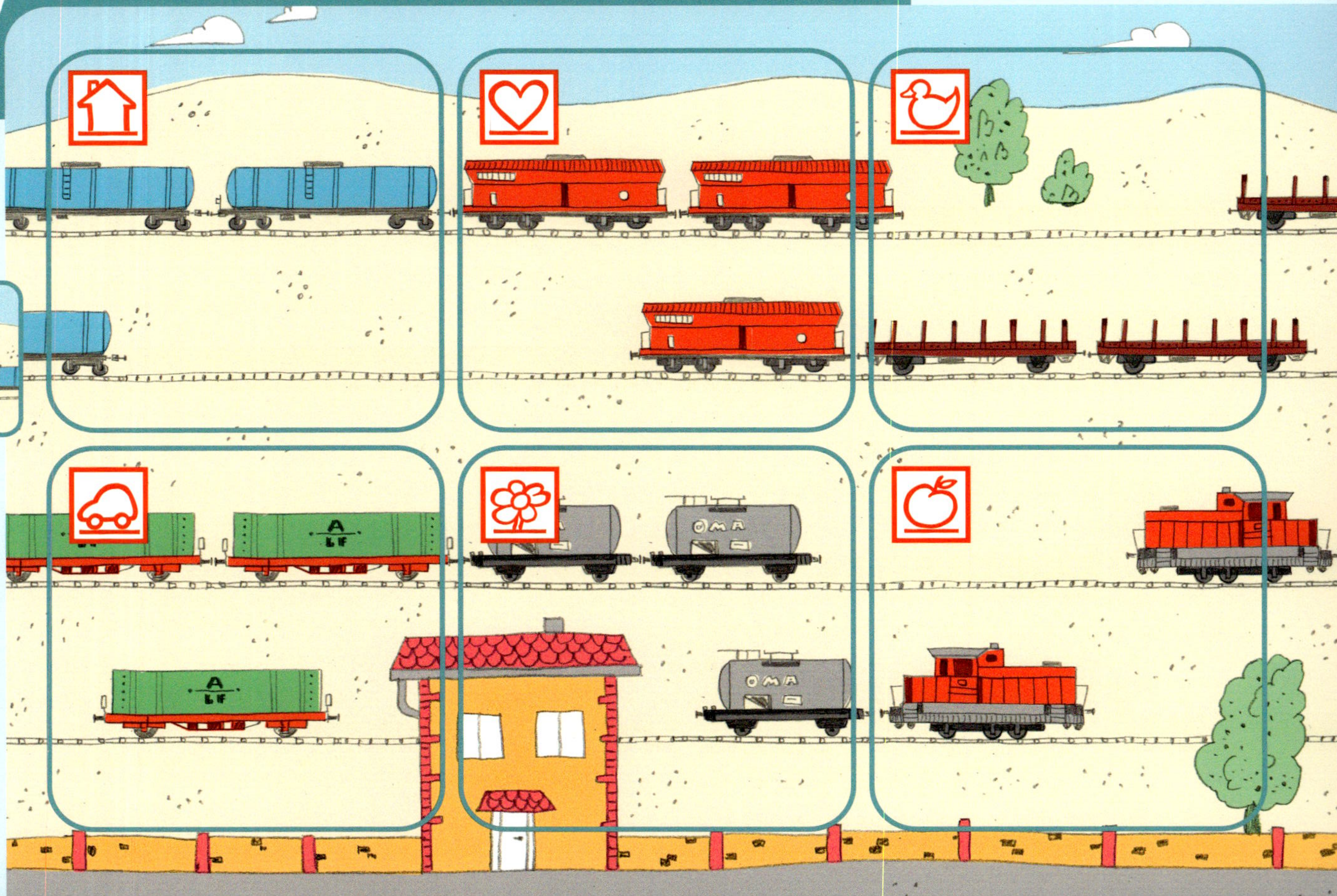

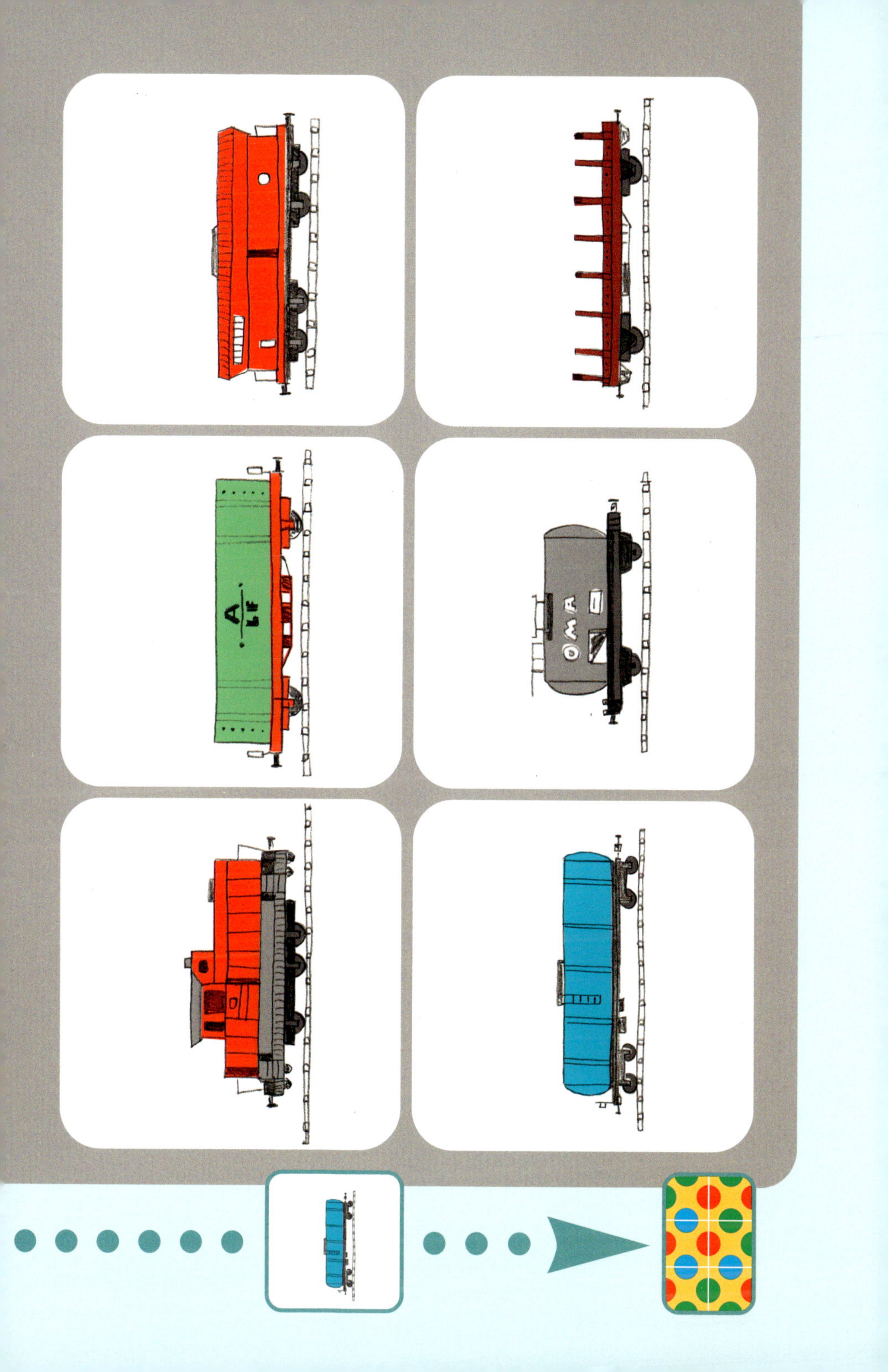

11 Wo ist was?

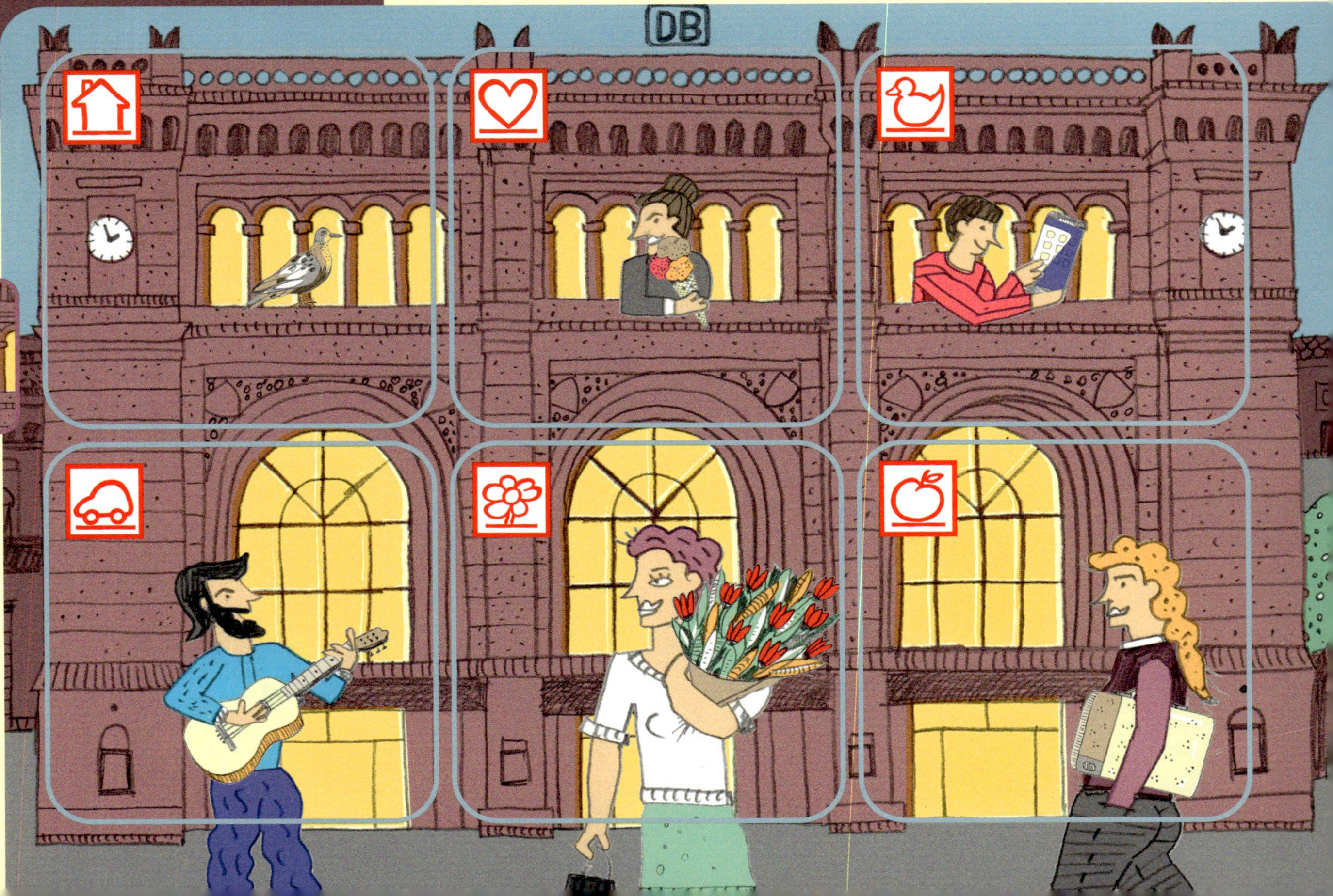

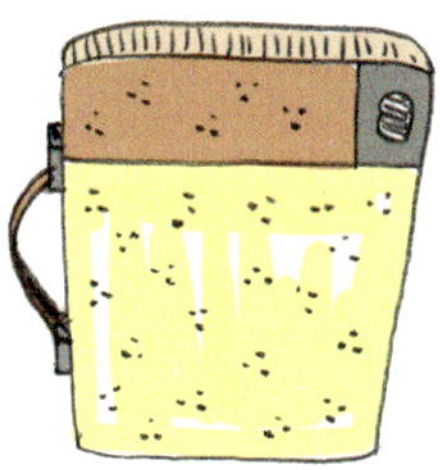

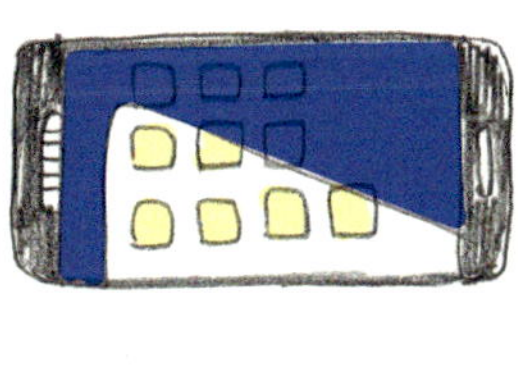

Inhalt